I LOVE TO EAT FRUITS AND VEGETABLES

ME ENCANTA COMER FRUTAS Y VERDURAS

Shelley Admont
Illustrated by Sonal Goyal, Sumit Sakhuja

www.kidkiddos.com
Copyright©2014 by S. A. Publishing ©2017 by KidKiddos Books Ltd.
support@kidkiddos.com

All rights reserved. No part of this book may be reproduced in any form or by any electronic or mechanical means, including information storage and retrieval systems, without written permission from the publisher or author, except in the case of a reviewer, who may quote brief passages embodied in critical articles or in a review.
Second edition

Translated from English by Laura Bastons Compta
Traducción del inglés de Laura Bastons Compta

Library and Archives Canada Cataloguing in Publication
I Love to Eat Fruits and Vegetables (Spanish Bilingual Edition)/ Shelley Admont
ISBN (paperback): 978-1-5259-1672-4
ISBN (hardcover): 978-1-5259-0798-2
ISBN (eBook): 978-1-926432-86-1

Please note that the Spanish and English versions of the story have been written to be as close as possible. However, in some cases they differ in order to accommodate nuances and fluidity of each language.

For those I love the most—S.A.
Para aquellos a los que más quiero – S.A.

It was an hour before lunch. Jimmy, a little bunny, was playing with his two older brothers.

Faltaba una hora para el almuerzo. Jimmy, el pequeño conejito, estaba jugando con sus dos hermanos mayores.

"I really feel like eating something sweet," said Jimmy suddenly. "Maybe Mom has a lollipop or a piece of chocolate with raisins for us."

—Tengo ganas de comer algo dulce —dijo Jimmy de repente—. Puede que mamá tenga una paleta o un poquito de chocolate con pasas para nosotros.

"We can't eat candy before lunch," said the oldest brother. "You know we're not allowed, Jimmy."

—No podemos comer caramelos antes de almorzar —dijo el hermano mayor—. Sabes que no nos dejan, Jimmy.

"Anyway, it's better to eat apples or grapes," continued the middle brother. "They're also sweet and tasty."

—*De todos modos, es mejor comer manzanas o uvas* —continuó el hermano del medio—. *También son dulces y sabrosas.*

"Yuck, I don't like eating fruits," said Jimmy. "But guess what? I saw that Mom bought some new candies yesterday. She hid them in a cupboard in the kitchen," he whispered. "I'm going to take some. Who's joining me?"

— ¡Puaj!, no me apetece comer fruta —dijo Jimmy, y añadió susurrando—: ¿Pero, adivinad qué? Vi a mamá comprar unos caramelos ayer y los escondió en el armario de la cocina. Voy a coger algunos, ¿queréis?

"Not me," answered his eldest brother. "I'm sure Mom will give us candy after we eat our lunch."

—Yo no —respondió el hermano mayor—. Estoy seguro que mamá nos dará un caramelo después de la comida.

"I'm not coming either," replied his middle brother.

—*Yo tampoco quiero'', respondió el hermano del medio.*

The two older brothers went back to their toys while Jimmy slowly made his way to the kitchen. He went out of the room and looked around to check that nobody was watching.

Los dos hermanos mayores volvieron con sus juguetes. Jimmy, lentamente, se dirigió a la cocina. Abandonó la habitación y miró a su alrededor para asegurarse que nadie estuviera mirando.

When he got to the kitchen, he saw that the table was already prepared for lunch.

Cuando llegó a la cocina, la mesa ya estaba preparada para la comida.

Each bunny had his own plate. The oldest brother had the blue plate, and the middle brother had the green one. The orange plate was for Jimmy.

Cada conejo tenía su propio plato. El hermano mayor tenía un plato azul y el del medio uno verde. El plato de color naranja era para Jimmy.

In the center of the table was a big bowl filled with fresh vegetables. There were cucumbers, carrots, tomatoes, red and yellow peppers, and some cabbage.

En el centro de la mesa, había un gran cuenco lleno de verduras frescas. Había pepinos, zanahorias, tomates, pimientos rojos y amarillos, y un poquito de repollo.

He went over to the cupboard where he had seen his mother putting the bag of candy. But the cupboard was very high above the ground, and Jimmy was not able to reach it.

A continuación, se dirigió hacia la alacena donde había visto a su mamá poner la bolsa de caramelos, pero estaba muy alta y Jimmy no podía llegar.

He took one of the chairs and moved it nearer to the cupboard.
Cogió una de las sillas y la acercó a la alacena.

He climbed up onto it, but he still wasn't able to reach the shelf!

Se subió, ¡pero todavía no llegaba a la repisa!

Jimmy got back down and looked around again. This time, he took a large empty pot and turned it upside down. He put the pot on the chair and then climbed up.

Jimmy bajó y volvió a mirar a su alrededor. Esta vez cogió una olla grande y vacía, y la dio vuelta. Puso la olla sobre la silla y se subió sobre ella.

Now, he was able to see the highest shelf. In the far corner of the shelf, there it was a huge bag full of candy!

Ahora, ya podía ver la repisa más alta. En la esquina más lejana de la repisa, había una gran bolsa… ¡llena de caramelos!

What else can I use? thought Jimmy while getting down. He saw his mom's huge cookbook. "That's exactly what I need!" he said happily as he grabbed the book.

«¿Qué más puedo usar?» —pensó Jimmy mientras se bajaba de la silla. Vio el libro de recetas de su madre y, mientras lo cogía, exclamó contento—: ¡Esto es exactamente lo que necesito!

He put the cookbook on the upside-down pot and again started slowly climbing up.

Puso el libro de recetas encima de la olla y subió lentamente.

But as Jimmy reached for the bag of candy, the chair began to rock. Jimmy quickly lost his balance and fell flat on the ground.

Pero, mientras Jimmy cogía la bolsa de caramelos, la silla empezó a balancearse. Jimmy perdió el equilibrio y cayó al suelo.

The pot fell next to him with a loud bang. The cookbook came next, and it landed right on poor Jimmy's head.

La olla cayó a su lado provocando un gran estruendo. El libro de cocina vino después y aterrizó en la cabeza del pequeño Jimmy.

Suddenly, something strange happened. As Jimmy looked up at the cupboard, it seemed like it was getting higher and higher.

De repente, algo extraño sucedió. Mientras Jimmy miraba hacia arriba, a la alacena, parecía como si ésta se hiciera más y más alta.

At that moment, his two older brothers came into the kitchen. "What was that noise," they asked, "and where's Jimmy?"

En ese momento, sus dos hermanos entraron en la cocina.
— ¿Qué ha sido ese ruido? —preguntaron—. Y, ¿dónde está Jimmy?

"I'm here!" Jimmy shouted, waving his hand around.
— ¡Estoy aquí! —gritó Jimmy agitando su mano.

"Jimmy, how did you get so tiny?" asked his middle brother.
— ¿Jimmy, cómo te has hecho tan minúsculo? —preguntó su hermano del medio.

Now, Jimmy understood why everything looked so big. He had become as small as a mouse!
Sólo después, Jimmy entendió por qué todo parecía tan grande. ¡Se había vuelto tan pequeño como un ratón!

"I just climbed up to get some candy, and then I fell down," cried Jimmy.
—Sólo subí para coger caramelos y después me caí —dijo Jimmy llorando—.

"Oh, no! Will I stay this small forever?" Jimmy screamed and began crying hard.
— ¡Oh, no! ¿Seré así de pequeño para siempre? —gritó Jimmy, mientras empezaba a llorar muy fuerte —.

"Don't cry, Jimmy," said the oldest brother. "We will figure something out. Let's just clean up this mess quickly before Mom comes in."
—No llores —dijo el hermano mayor—, ya se nos ocurrirá algo, limpiemos este desastre antes de que llegue mamá.

Just as the brothers finished putting everything back in its place, Jimmy's mother walked into the kitchen.
Justo cuando los hermanos acababan de poner cada cosa en su sitio, la madre de Jimmy entró en la cocina.

"We're going to eat lunch soon. Where's Jimmy?"
—Comeremos pronto. ¿Dónde está Jimmy?

Jimmy hid behind his older brothers, listening to every word.
Jimmy se escondió detrás de sus hermanos escuchando cada palabra.

"Uh, uh...," stuttered his middle brother while thinking of what to say. But the older brother was very smart.

—Em, em.... —tartamudeó el hermano del medio mientras pensaba qué decir. Pero el hermano mayor era más hábil.

"Mom, can I ask you a question?" he said. "If someone wants to grow quickly and be big, tall, and strong, what do they need to do?"

— ¿Mamá, podemos preguntarte una cosa? —preguntó—. Si alguien quiere crecer muy rápido y ser muy alto, grande y fuerte... ¿qué necesita hacer?

"They need to make sure that they eat their fruits and vegetables", his mother answered. "They contain lots of good vitamins and minerals that help the body to grow faster."
—*Tiene que asegurarse de comer mucha fruta y verdura —contestó su madre. Contienen muchas vitaminas y minerales que ayudan al cuerpo a crecer más rápido.*

"Now, you can sit down at the table and I will call Dad and Jimmy," their mother said and walked out of the kitchen.
—*Ahora sentaros y yo avisaré a papá y a Jimmy —dijo su madre mientras salía de la cocina.*

The oldest brother turned around to Jimmy. "Quick! You have to eat your fruits and vegetables so that you can grow fast."
El hermano mayor se giró hacia Jimmy.
— ¡Deprisa! Tienes que comer tus frutas y verduras para que puedas crecer rápido.

"No way!" screamed Jimmy, "I don't even like fruits or vegetables!"

— ¡De ningún modo! —gritó Jimmy—. ¡No me gustan las frutas y verduras!

"Do you want to stay this way forever then?" his middle brother asked.

— ¿Quieres quedarte así para siempre? —preguntó el hermano del medio.

"Of course not!" replied Jimmy.

— ¡Claro que no! —respondió Jimmy.

His brother took a carrot from the bowl on the table and slipped it in Jimmy's mouth.

El hermano, rápidamente, cogió una zanahoria del plato que estaba encima de la mesa y la empujó en la boca de Jimmy.

"Ummm...this is sweet and tasty," Jimmy said as he chewed his carrot with his strong, white teeth.

—*Mmmm... Esto está dulce y hasta sabroso —dijo Jimmy mientras masticaba la zanahoria con sus dientes blancos.*

All of the sudden, he felt a strange tingly feeling spreading all over his body—it was just like magic. His legs got stronger, and he even became a little taller.

De repente, sintió una extraña sensación de estremecimiento por todo su cuerpo, era como magia. Sus piernas se hicieron fuertes e, incluso, parecía un poco más alto.

"Jimmy, look! You've grown a bit!" shouted the oldest brother happily.

— *¡Mira Jimmy! ¡Has crecido un poquito! —gritó su hermano mayor, muy contento.*

"Here, eat something else," the middle brother said. He gave Jimmy a juicy cucumber from the bowl.

—Ten, ¡come algo más! —añadió su hermano mediano, mientras le daba a Jimmy un jugoso pepino que estaba en el cuenco.

With every bite, he felt his body getting stronger and stronger. He was growing!

Con cada bocado sentía como su cuerpo se hacía más y más fuerte. ¡Estaba creciendo!

"Jimmy, you're finally yourself again," his oldest brother shouted and ran over to hug him.

—*Jimmy, ¡por fin vuelves a ser tú! —gritó su hermano mayor y fue a abrazarlo.*

"How are you feeling now?" asked the middle brother.

—*¿Cómo te sientes ahora? —preguntó el hermano mediano.*

"I feel great and full of energy," Jimmy answered. "And you know what? These fruits and vegetables are really tasty. I should have tried them before!"

—*Me siento bien y lleno de energía —respondió Jimmy—. Y, ¿sabes qué? Esas frutas y verduras estaban muy sabrosas. ¡Debería haberlas probado antes!*

All three brothers began to laugh loudly and jump around.

Los tres hermanos empezaron a reír y saltar.

A few minutes later, Jimmy's parents entered the kitchen.
Unos minutos después, los padres de Jimmy entraron en la cocina.

"Great, everyone's here," said Dad.
—Bien, estáis aquí —dijo papá.

"I'm happy that everyone's in such a good mood," said Mom. "What a great way for us to start lunch! Don't forget to wash your hands!"
—Estoy muy contenta de que todos estéis de tan buen humor —continuó mamá—. ¡Qué manera más maravillosa de empezar a comer! ¡No olvidéis lavaros las manos!

The entire happy family sat around the large table and began eating all the tasty things there. Even Jimmy finished his whole plateful.
Toda la familia se sentó a la mesa y empezaron a comer las cosas sabrosas que había sobre ella. Incluso Jimmy se terminó todo el plato.

From that day on, Jimmy liked eating all his fruits and vegetables. Sometimes, he still eats candy but only a little and only after his meals.

Desde ese día, a Jimmy le gusta comerse toda su fruta y verdura. A veces, todavía come algún que otro caramelo, pero sólo unos pocos y después de sus comidas.

www.ingramcontent.com/pod-product-compliance
Lightning Source LLC
Chambersburg PA
CBHW061142070526
44584CB00033B/4401